BRUNO SUSIO – EMANUELE BARBAGALLO

SPORTELLO POLIFUNZIONALE "SMART"
PER L'INNOVAZIONE DEI RAPPORTI COL CITTADINO

EDIZIONI STRATEGICHE

Sportello Polifunzionale "Smart"
Per l'innovazione del rapporto col cittadino
Autori: Bruno Susio - Emanuele Barbagallo

Sede legale: via Pontida, 9 – 20063 Cernusco sul Naviglio (MI)

Tel. 02.92345836, Fax 02.92729432 – www.sistemasusio.it

La realizzazione di un libro presenta aspetti complessi e richiede particolare attenzione nei controlli. Per questo è molto difficile evitare completamente errori o imprecisioni. L'editore ringrazia sin da ora chi vorrà segnalarli alla redazione: info@edizionistrategiche.it

Bruno Susio

Laurea in Scienze Politiche presso l'Università Statale di Milano, dal 1990 opera come consulente di management. Nel 2006 ha fondato Sistema Susio srl, società di consulenza e formazione manageriale, dopo aver operato come dirigente e partner presso importanti realtà della consulenza di direzione. Specializzato in interventi di innovazione dei modelli organizzativi e di gestione delle performance delle pubbliche amministrazioni, lavora con numerosi enti pubblici di rilevanza nazionale. È stato vicepresidente di APCO – Associazione Nazionale dei Consulenti di Management ed ha ruoli di rilievo presso la medesima associazione. Coordinatore di interventi di formazione riconosciuti presso la SNA ed il Dipartimento della Funzione Pubblica per gli appartenenti all'Elenco Nazionale OIV. Collabora con l'Università Roma Tre per il Corso di Specializzazione in Miglioramento delle Performance della PA. Collaboratore abituale della rivista Azienditalia Enti Locali di Wolters-Kluver. Consulente di ANCI, Associazione Nazionale dei Comuni Italiani. Ha all'attivo numerose pubblicazioni e articoli sui temi di innovazione organizzativa per la pubblica amministrazione.

Emanuele Barbagallo

Laurea in Ingegneria presso il Politecnico di Milano, è socio di Sistema Susio srl, società di consulenza e formazione manageriale dopo aver operato presso importanti realtà della consulenza di direzione. Specializzato in interventi di organizzazione e miglioramento dei modelli organizzativi e dei processi delle PA, lavora con numerosi enti pubblici di rilevanza nazionale. È vicepresidente di APCO – Associazione Nazionale dei Consulenti di Management ed ha avuto ruoli di rilievo presso la medesima associazione. Ha all'attivo numerose pubblicazioni e articoli sui temi del miglioramento delle organizzazioni della pubblica amministrazione.

Sistema Susio srl

Società di consulenza, servizi e formazione specializzata nel settore degli enti locali, della pubblica amministrazione e delle aziende di servizi Fondata nel 2006 da Bruno Susio, Sistema Susio srl conta oggi al suo attivo migliaia di progetti di successo e una squadra di esperti stabilmente impegnati per le organizzazioni clienti. La sua missione è essere partner del processo di cambiamento delle organizzazioni pubbliche e private consapevoli del loro ruolo strategico per il territorio e che puntano ad essere eccellenti, fornendo soluzioni efficaci e metodi di successo.

Cardine dell'approccio fortemente innovativo di Sistema Susio sono i "Territori strategici", ovvero i sistemi territoriali evoluti che garantiscono crescita economica e sociale grazie al contributo decisivo di organizzazioni pubbliche e private consapevoli del proprio nuovo ruolo di volano dello sviluppo.

Il "Territorio strategico" è il nuovo modello per le comunità locali: le amministrazioni come imprenditori, lo spirito del luogo come radice dello sviluppo, il sistema-territorio come leva di eccellenza e competitività.

Nella propria attività, Sistema Susio lavora quotidianamente con enti pubblici, sistemi turistici territoriali ed organizzazioni private che decidono di intraprendere questa strada, fornendo modelli operativi innovativi e di successo. La filosofia che ispira il modello innovativo che Sistema Susio propone ai propri clienti nella lettura dei bisogni e delle potenzialità da esprimere è raccolta nel volume-manifesto "Territori Strategici. Modelli di pianificazione per lo sviluppo dei sistemi locali" (FrancoAngeli, Milano, 2007).

Sistema Susio srl opera su tutto il territorio nazionale ed in realtà di eccellenza europee.

INDICE

INTRODUZIONE 6

CAPITOLO 1: LO SPORTELLO POLIFUNZIONALE "SMART" COME RISPOSTA STRATEGICA DELLE PUBBLICHE AMMINISTRAZIONI INNOVATIVE 8

1.1 Coniugare efficacia ed efficienza in una logica di sistema 8

1.2 Benefici e vantaggi 11

1.3 I compiti dello Sportello Polifunzionale Smart...14

1.4 La gestione del flusso di informazioni...15

1.5 L'erogazione dei servizi di primo livello non specialistici 18

1.6 L'ascolto dell'utente per il supporto all'attività di miglioramento..19

1.7 Il supporto al percorso di sviluppo digitale dei servizi 20

1.8 Le resistenze al cambiamento..20

CAPITOLO 2: LA PROGETTAZIONE ORGANIZZATIVA DELLO SPORTELLO POLIFUNZIONALE SMART.................22

2.1 La scelta del modello 22

2.2 Il censimento delle attività con impatto esterno ed il dimensionamento dell'organico 24

2.3 La progettazione dei moduli organizzativi dello sportello 27

2.4 La progettazione del nastro orario di apertura al pubblico 30

CAPITOLO 3: LA SEMPLIFICAZIONE DEI PROCESSI – LA CHIAVE DEL SUCCESSO 33

3.1 La razionalizzazione delle procedure 33

3.2 Il sistema informativo di supporto 34

CAPITOLO 4: LA PROGETTAZIONE DEGLI SPAZI DELLO SPORTELLO 36

4.1 Il lay-out – il modello di riferimento 36

4.2 Lo sportello di indirizzamento...37

4.3 Il sistema di gestione delle code 38

CAPITOLO 5: IL PERSONALE DELLO SPORTELLO E IL RAPPORTO CON GLI ALTRI UFFICI.............................39

5.1 La selezione del personale 39

5.2 La gestione del personale. Moduli e momenti di coordinamento...40

5.3 La formazione del personale di sportello (e non) 41

5.4 Lo sportello come sistema 42

5.5 I protocolli di intesa "front office-back office" 42

CAPITOLO 6: LA COMUNICAZIONE ESTERNA DELLO SPORTELLO...44

6.1 Il canale telefonico dello sportello...44

6.2 La misurazione della qualità dello sportello 44

BIBLIOGRAFIA MINIMA 46

INTRODUZIONE

Questo volume rappresenta per gli autori un ulteriore passo in avanti nella promozione di una progettualità, quello dello sportello polifunzionale, che si è rivelata di successo in questi anni in molti enti[1].

Lo sportello polifunzionale rappresenta infatti una innovazione dal punto di vista organizzativo per tutte quelle realtà che hanno rapporti con il pubblico e vogliono realizzare un servizio che faciliti la vita all'utente e ne semplifichi le modalità di accesso. Sotto questo profilo, rappresenta l'assoluta modernità, in quanto noi tutti, oggi, siamo abituati ad accedere a molteplici informazioni e dati attraverso un solo strumento, il telefono. Pertanto, lo sportello polifunzionale è "Smart" in quanto consente l'accesso del cittadino a un gran numero di possibili transazioni o attività senza doversi spostare fisicamente o dovendo interfacciarsi con più interlocutori.

Dopo gli anni della pandemia, che ha profondamente intaccato e rallentato le relazioni col pubblico, il tema dello sportello polifunzionale ha ripreso notevole vigore: sono molte oggi le amministrazioni, complice anche la spinta sui servizi digitali per il cittadino finanziati con il PNRR, che investono nel ripensamento dei servizi in chiave polifunzionale.

È a queste amministrazioni che si rivolge il presente volume, frutto della pluriennale esperienza sul campo da parte degli autori.

Esso vuole essere una guida rapida e mirata per fare le scelte giuste quando si decide di avviare un percorso di innovazione organizzativa quale è lo sportello polifunzionale Smart.

Nel volume sono raccolte le esperienze e le tante suggestioni che sono derivate dall'interazione con enti che hanno avuto successo nella implementazione della soluzione proposta.

Il tema dello sportello polifunzionale va contestualizzato all'interno di un percorso delle pubbliche amministrazioni che intendono innovare le modalità di rapporto con il cittadino. La chiave che si vuole dare con questo volume è che lo sportello è un "sistema" di parti che

---

[1] *Semplice-comodo-unico. Lo sportello polifunzionale come innovazione del rapporto tra PA e Cittadini* di B. Susio e E. Barbagallo - Edizioni Strategiche (2009);
Lo sportello polifunzionale intelligente 3.0, di B. Susio, G.P. Cavina e E. Barbagallo - Edizioni Strategiche (2014).

devono essere attentamente messe in corretta relazione tra loro per funzionare bene e raggiungere lo scopo per cui esistono.

Vengono quindi affrontate tutte le componenti di questo approccio sistemico: la progettazione organizzativa e il dimensionamento, la semplificazione dei processi, l'aspetto logistico, l'accessibilità temporale, la comunicazione, la selezione e formazione del personale, tutti elementi che arricchiscono la qualità dello sportello, per poi passare a degli esempi e a delle esperienze concrete.

Ci si augura che il volume possa essere di ispirazione e di ausilio a tutti coloro che, avendo a cuore il cittadino, desiderano migliorare la funzionalità del sistema dei servizi a questo rivolti, perché una pubblica amministrazione efficace è una garanzia di maggiore democrazia e di migliore qualità di vita per tutti.

CAPITOLO 1: LO SPORTELLO POLIFUNZIONALE "SMART" COME RISPOSTA STRATEGICA DELLE PUBBLICHE AMMINISTRAZIONI INNOVATIVE

1.1 Coniugare efficacia ed efficienza in una logica di sistema

Il senso dello sportello polifunzionale nasce dalla spinta che gli enti che gestiscono significative quantità di pubblico introducono per cercare di offrire o mantenere un servizio di qualità - e quindi efficace - cercando però di garantirne l'efficienza, in una logica di sostenibilità. Evitando in qualche modo che la ricerca dell'efficienza delle risorse vada a scapito di un'attività strategica, quale quella del rapporto con l'utenza (il famoso "front-office"), e anzi, migliorandone, se possibile, la risposta.

Partendo da queste considerazioni, molti enti locali hanno avviato una riflessione non solo finalizzata ad ottimizzare localmente l'attività di sportello, ma a rivedere in un modo un po' più sistemico all'interno dell'organizzazione il modo in cui i servizi al pubblico vengono offerti.

Perché sportello polifunzionale "Smart"? Perché uno dei requisiti fondamentali degli sportelli polifunzionali della nuova generazione, post pandemia, è quello di essere flessibili, adattivi alle situazioni ed in grado di integrare tutte le tecnologie di comunicazione ed informazione disponibili. In sostanza, essere Smart…

Lo sportello polifunzionale Smart sostanzialmente cerca di mettere in discussione quella che è un'organizzazione, generalmente conformata sulla base di una specializzazione per tematica, cercando di puntare verso una specializzazione per ruolo. Ci spieghiamo meglio.

In una conformazione tradizionale degli uffici, tendenzialmente per tematica (Demografia, Tributi, Istruzione, ecc.), ogni ufficio è specializzato in qualcosa e ognuno ha una propria attività di relazione con l'utente sulle tematiche di competenza.

Ogni ufficio organizza quindi in autonomia la sua attività di sportello, il cosiddetto front office e poi la sua attività istruttoria, il cosiddetto back office, possedendo tutte le competenze necessarie per erogare i servizi e istruire i procedimenti inerenti a quell'ambito. Chiaramente la suddivisione tra quanto front e quanto back office ogni ufficio presidia può essere molto diversa da ufficio ad ufficio, a seconda della tipologia di servizio erogato. In alcuni casi c'è una prevalenza del front office, in altri casi c'è meno front office e c'è più back office.

Qual è il problema di questo tipo di organizzazione? Nel momento in cui il cittadino si rapporta con uno sportello, il sistema organizzativo deve garantire che ci sia qualcuno che abbia le competenze e la disponibilità per gestire la relazione.

In realtà, in molti casi sia per le informazioni che per alcuni servizi particolarmente semplici, risulta un vero e proprio spreco adibire a tali attività personale che dispone di formazione e specializzazione elevata. Perché significa sottrarre il tempo prezioso dello specialista alle pratiche su cui può dare un maggiore valore aggiunto, per rispondere a domande spesso routinarie e con risposta definibile a priori. Che invece altri, meno preparati sulla materia specifica ma preparati a gestire le relazioni con l'utenza, potrebbero dare con la stessa efficacia.

La riflessione alla base dello sportello polifunzionale come sistema è quindi quella di specializzare per ruolo, prevedendo un ufficio non "verticale" come quelli tradizionali, non specialistico in un determinato ambito ma bensì "orizzontale", in grado di gestire il primo livello informativo ed il primo livello di front office (anche con l'avvio della trattazione delle pratiche) per attività afferenti a diverse competenze, lasciando agli uffici specialistici la gestione di tutte quelle situazioni di back office vero e proprio oppure talmente complesse per cui serve necessariamente (e giustamente!) il contributo di chi quella competenza la possiede.

L'analogia più calzante è quella del filtro e non della barriera: nessun rapporto generalistico con l'utente deve essere gestito dagli sportelli specialistici, ma questi rapporti sono in qualche modo filtrati e gestiti in maniera intelligente dallo sportello polifunzionale Smart.

Questo filtro ben rappresenta la filosofia fondamentale dello sportello polifunzionale Smart; tendenzialmente, cambiano due cose.

La prima è che, se la gestione della relazione del cittadino avviene presso ogni ufficio specialistico, si crea inconsapevolmente inefficienza, perché ho tanti sportelli aperti che in realtà hanno, generalmente, delle relazioni non continuative ma estemporanee; gli utenti che arrivano in maniera non omogenea nel corso dell'orario di apertura dello sportello richiedono infatti l'attività dell'operatore ma non satureranno completamente il suo tempo di lavoro, che avrà quindi momenti di fermo e momenti in cui vi sono dei picchi di utenza da gestire. O comunque momenti in cui deve prestare attenzione all'utente ed altri in cui può tornare all'attività istruttoria delle pratiche, con evidenti riflessi di perdita di concentrazione, errori e probabili inefficienze.

Se invece viene fatto confluire il pubblico in un unico sportello, non specialistico per una certa materia ma preparato adeguatamente a gestire le relazioni di primo livello con l'utenza su più materie, è più probabile che si riesca a fare efficienza, ad avere maggiore massa critica di utenti da gestire in maniera più continuativa e quindi a garantire lo svolgimento dell'attività con meno persone.

Peraltro, questa nuova organizzazione del lavoro consente agli specialisti di lavorare nel back office per realizzare quelli che sono i propri compiti fondamentali: istruire le pratiche, esprimere pareri, dare autorizzazioni, ecc. ecc.

La seconda è che generalmente, in servizi che non distinguono chiaramente le funzioni di front da quelle di back office specialistico, l'attività di front office viene considerata marginale e ogni tanto sacrificata (ad esempio, riducendo l'orario di apertura o le fasce di accessibilità telefonica), se paragonata ai vincoli che il rispetto della normativa impone ai procedimenti, alle tempistiche, eccetera, eccetera.

Una struttura focalizzata sul ruolo del front office consente di avere un servizio specializzato nella relazione con l'utenza, per comprenderne le esigenze e fornire le risposte, come già detto, per tutte le istanze informative o di primo livello di gestione delle pratiche non a livello specialistico -per questo, quando necessario, ci sarà la possibilità di prendere appuntamento con gli specialisti.

Da statistiche ormai consolidate da anni di studi su questo fenomeno, è possibile qui affermare che la percentuale di transazioni che ricadono nella categoria "informativa" o "primo livello di gestione della pratica" sono mediamente l'ottanta per cento delle transazioni complessive gestite dall'ente con l'utenza. Quindi, si comprende bene il peso che questa cosa ha sull'economia del funzionamento dell'ente.

Anche il beneficio di una razionalizzazione dei ruoli è pertanto altrettanto evidente. L'ufficio – che prima fa tutto (front e back) - è ora focalizzato sulla parte che sfrutta maggiormente le competenze di back office e di conseguenze specialistiche. Il front office polifunzionale si focalizza invece più sull'aspetto di relazione e di gestione di questo front office.

Quindi il modello di sportello polifunzionale Smart nasce sostanzialmente per queste finalità.

1.2 Benefici e vantaggi

Qual è il beneficio di questa modalità? Che cosa cambia veramente?

Non è il cosiddetto "gioco delle tre carte", cioè un semplice spostamento di un'attività o un carico di lavoro da una parte dall'altra, senza alcun valore aggiunto.

Un primo beneficio è legato all'aspetto della qualità del servizio, quindi dell'efficacia e dell'impatto verso l'utente, in quanto attraverso questa nuova organizzazione del lavoro è possibile soddisfare le esigenze degli utenti in un unico luogo fisico e se possibile anche con un'unica coda/fila, anche se riguardano esigenze relative a molteplici ambiti.

Abbiamo affrontato il tema nel volume già citato *Semplice-comodo-unico. Lo sportello polifunzionale come innovazione del rapporto tra PA e Cittadini* - Edizioni Strategiche (2009), nel quale prevedevamo che l'accesso ai servizi da parte del cittadino con lo sportello polifunzionale debba essere:

- Semplice: il cittadino non deve girovagare per l'ente alla ricerca dello sportello a cui rivolgersi;

- Comodo: le modalità di gestione delle transazioni e gli spazi in cui vengono erogati devono essere pensati in funzione dell'utente e progettati per essere comodi;

- Unico: il cittadino deve trovare in un unico sportello la risposta ad almeno, come abbiamo detto, l'ottanta per cento delle sue possibili esigenze. Per il restante venti per cento si rapporterà agli uffici specializzati.

Qualche esempio. Se una persona ha bisogno di fare un'iscrizione anagrafica come nuovo residente, subito dopo ha bisogno dell'iscrizione della Tari, per pagare i rifiuti generati. Sono due competenze diverse, di natura anagrafica e di natura tributaria e in molti enti vengono gestiti, ancora oggi, da due uffici diversi, quindi non nello stesso posto, con un'unica fila, a volte anche con orari diversi.

Se si riesce a farlo anche con un'unica transazione, quindi un'unica fila e pertanto con un operatore che sappia portare avanti entrambe le attività, si è riusciti a creare uno sportello polifunzionale. Non solo logisticamente polifunzionale -cioè, in un unico posto riesco a fare tutto, seppur rapportandomi con operatori diversi, ma anche organizzativamente polifunzionale, intendendo con questo che mi rapporto con un solo operatore in grado di gestire aspetti afferenti a diverse tematiche (e quindi a diversi uffici), pur non essendo lo specialista di quei settori di attività, ma specialista della gestione del rapporto con il cittadino e delle sue esigenze di primo livello. Ricordiamoci, l'ottanta per cento delle transazioni ha le caratteristiche per essere gestite da questo sportello e tale approccio è un elemento riconosciuto come di qualità.

Altri aspetti su cui lo sportello può portare a un incremento di qualità? Un orario di apertura che sia funzionale a quelle che sono le esigenze degli utenti; su questo, anche a seguito della pandemia e delle mutate esigenze dei cittadini, le priorità sono cambiate negli anni.

Probabilmente un paio di decenni fa invece dell'aggettivo "comodo", ci sarebbe stato quello relativo ad un orario di apertura "ampio". Oggi, sulla base delle molteplici esperienze vissute su questo tema, si ritiene che non sia tanto l'ampiezza dell'orario di apertura all'aumento di qualità quanto la comodità per l'utente di poter accedere ai servizi, intercettando quindi le esigenze degli utenti e come farli arrivare ai servizi senza fatica.

Occorre perciò focalizzarsi su quegli aspetti che veramente rappresentano un punto di vantaggio nel consentire al cittadino di fruire del servizio nel modo più comodo possibile, senza però eccedere con il rischio di avere agli sportelli più dipendenti che utenti per tutta la giornata.

Anche la logistica gioca un ruolo fondamentale nell'esperienza di fruizione del servizio da parte dell'utente. Se ne parla più avanti nel volume, con particolare rispetto anche per la privacy, oggi non sempre garantita in molti luoghi pubblici. Avere una transazione piacevole, avere una seduta anche per l'utente, non è semplicemente un gesto di cortesia (comunque doveroso soprattutto laddove le persone magari hanno una certa età). È dimostrato da numerosi studi che l'aggressività e l'eventuale conflittualità siano molto minori in un contesto di persone sedute rispetto a quello in cui sono di fronte allo sportello in piedi, con barriere di varia natura.

Analogamente, gli strumenti informatici di supporto svolgono un ruolo fondamentale per consentire la comodità di accesso al servizio. Essi devono permettere al fruitore di fare un'esperienza non negativa, anche se non esperti di programmi informatici. Su questo, molte delle risorse del nostro PNRR stanno andando proprio nella direzione di favorire l'accesso dei cittadini ai servizi digitali della PA locale, con piattaforme e soluzioni orientate al cittadino. In questo periodo, le implementazioni sono in atto in forma molto massiccia e ne vedremo sicuramente i reali benefici tra qualche tempo.

Inoltre, se il focus dello sportello polifunzionale è la relazione con l'utenza, il modello di riferimento per la progettazione prevede che le persone che vi operano siano massimamente professionali e abbiano elevate competenze relazionali; come successivamente meglio descritto nel presente volume, la selezione e formazione del personale è infatti uno dei passaggi più delicati del processo di costruzione, avvio e messa a regime dello sportello.

Dal lato della sostenibilità, invece, cosa è possibile mettere in evidenza? Sicuramente è sostenibilità per l'ente la razionalizzazione degli sportelli aperti: avere un unico sportello invece di averne tanti porta ad avere un maggiore efficientamento perché -come già evidenziato- le persone saranno maggiormente saturate rispetto ad avere tanti sportelli, utilizzati magari solo parzialmente.

Una diminuzione del numero di carico di utenti negli altri uffici comunali, che quindi potranno focalizzarsi su la loro mission principale, il back office delle istruttorie, si traduce quindi anche in una modalità di relazione con l'utente che sia in qualche modo filtrata, prevalentemente solo su appuntamento. Pertanto, il cittadino accede al servizio avendo di fronte un operatore che, molto probabilmente, conosce a priori le motivazioni per cui si rivolge all'ente e quindi può essere, oltre che più efficiente, più preparato e professionale nella risposta.

Dotarsi di un filtro organizzativo significa avere anche meno utenti vaganti che vanno in giro per gli uffici e i corridoi a chiedere al primo che capita o alla persona a cui vogliono chiedere loro, distraendo gli operatori dal proprio lavoro. Quello degli utenti vaganti per gli uffici è un tema però che ha diverse sfaccettature, di inefficienza ma anche di sicurezza: non avere contezza di chi entra negli uffici e per quale motivo, infatti, non è un elemento positivo, dal punto di vista dei furti, di gesti inconsulti di possibili malintenzionati, oltre che dal punto di vista dell'efficienza.

Un altro aspetto chiave caratterizzante l'approccio allo sportello polifunzionale Smart che proponiamo è che non è l'utente a dover scegliere l'interlocutore, ma è l'ente che deve valutare quale è l'interlocutore più opportuno per l'utente, in base alla sua esigenza. Perché lo sportello è una progettualità impegnativa e onerosa e non può essere percepito né dalla struttura, né dall'amministrazione, né dagli utenti, come un'opportunità che può essere derogata, ma come la nuova via maestra. Cioè, il servizio viene erogato in questo modo, non ci sono alternative allo sportello se quella è la sede per fare quello di cui si ha bisogno; il cittadino si rivolge allo sportello, lo sportello soddisferà se può farlo o lo indirizzerà se non può farlo, ma non può essere il cittadino ad andare in giro per l'ente a cercare il suo interlocutore.

Quindi, riassumendo la progettazione di uno sportello polifunzionale Smart secondo l'approccio di Sistema Susio:

- presuppone una visione sistemica e un approccio multidimensionale, non è una progettazione di un ufficio che si piazza da qualche parte; per questo motivo è probabile che metta in discussione tutta una serie di dinamiche e incida su altre di progettualità dell'ente;
- necessita un approccio multicanale in quanto deve integrarsi, ovviamente, in primis con i servizi digitali, deve essere sinergico con questi ultimi, deve utilizzarli e deve promuoverli verso l'utenza che ancora non li conosce;
- necessita di un approccio personalizzato; l'esperienza effettuata dagli autori testimonia chiaramente quanto la contestualizzazione sia centrale per il successo dell'iniziativa, in quanto quello che ha caratterizzato tutti gli interventi finora seguiti è che non ce n'è uno identico all'altro, perché lo sportello deve soddisfare esigenze esterne ma deve garantire anche coerenza con l'organizzazione dell'ente, per cui, pur partendo da un modello di riferimento omogeneo, le variabili da considerare sono tali e tante che il risultato è necessariamente qualcosa di peculiare e unico -e come tale e in quanto tale, efficace

1.3 I compiti dello Sportello Polifunzionale Smart

Quali sono i compiti e qual è l'ambito di interesse dello sportello polifunzionale nel modello proposto? Sostanzialmente si possono identificare quattro compiti fondamentali che lo sportello può e dovrebbe svolgere all'interno dell'Ente:

- la gestione del flusso di informazioni;
- l'erogazione dei servizi di primo livello non specialistici;
- l'ascolto dell'utente per il supporto all'attività di miglioramento;
- il supporto al percorso di sviluppo digitale dei servizi.

Il primo, il terzo, in certi versi anche il quarto rappresentano compiti che il legislatore, con la Legge 150 del 2000[2], ha assegnato all'ufficio relazioni con il pubblico.

Lo sportello polifunzionale Smart, in coerenza con la sua mission, ingloba tali competenze e, in qualche modo, sublima questo percorso, portandolo avanti e facendolo proprio in una logica, però, non semplicemente di relazione informativa ma riempiendolo di contenuti operativi, come di seguito nel dettaglio meglio esplicitato.

1.4 La gestione del flusso di informazioni

Lo sportello polifunzionale Smart è l'interfaccia dell'utente, dal punto di vista delle informazioni e anche dal punto di vista delle attività operative. Non è il modello proposto e non pensiamo sia quello corretto, quello di uno sportello polifunzionale che si ponga l'obiettivo di riuscire a gestire tutte le transazioni con l'utente, lasciando agli uffici specialistici solo l'attività di back-office.

Perché non lo riteniamo corretto dal punto di vista del modello? Perché il discrimine deve essere arrivare fino a un livello di competenza oltre il quale non ha senso la polifunzionalità.

Ma torniamo alle informazioni; si possono identificare diverse richieste di informazioni:

- le informazioni generalistiche, che riguardano, ad esempio, il funzionamento dell'ente, gli orari di apertura un singolo ufficio, un numero telefonico, quindi tutte informazioni, come dire, molto standardizzabili, in cui la risposta è sempre quella, indipendentemente da chi te la chiede;
- le informazioni di primo livello, un po' più puntuali, che riguardano specifiche procedure, in termini ad esempio di requisiti di accesso, costi per le pratiche, documentazione che bisogna portare, modulistica. Sono comunque, anche in questo caso, tutte informazioni standardizzabili, se si dispone di una organizzazione del flusso idonea: una volta definite, chiunque può gestirle. Cosa caratterizza questo livello e perché queste sono gestibili dallo sportello? Perché c'è una ripetitività della risposta in relazione alla domanda, non richiedono interpretazioni nè contestualizzazioni, ma solo l'aggiornamento.

---

[2] Legge 7 giugno 2000, n. 150 "Disciplina delle attività di informazione e di comunicazione delle pubbliche amministrazioni."

- le informazioni di secondo livello, per esclusione, sono quelle che riguardano situazioni approfondite dal punto di vista delle competenze, pratiche in essere o che richiedono interpretazioni normative; si tratta in alcuni casi di dettagli procedimentali, deroghe, casi particolari, dove occorre conoscere il contesto specifico e la materia; queste richieste non possono essere gestite dallo sportello e non è solo un problema di formazione del personale, ma di natura della mission da presidiare: lo sportello polifunzionale non possiede quel tipo di competenze.

Ad esempio, il cittadino che chiede di sapere quando è aperta la piscina comunale, se lo stesso ha anche delle eventuali disabilità o patologie, potrebbe avere necessità di parlare con chi organizza e chi progetta quel servizio. È quindi probabile che l'operatore dello sportello polifunzionale non sia l'interlocutore più congeniale e quindi che occorra parlare con lo specialista. Se la situazione è troppo complessa, lo sportello polifunzionale, chiaramente, deve passare ad altri più specialisti la gestione della richiesta.

Come tutti i filtri, è cruciale capire se le maglie sono della giusta misura o meno, cioè se faccio passare troppe cose o se ne faccio passare troppo poche; da questo punto di vista, l'approccio da seguire è quello di cogliere le opportunità di miglioramento del sistema in una logica di organizzazione che apprende[3].

Quando parlavamo di risposta standardizzabile, perdonate il gioco di parole, probabilmente non tutto quello che è standardizzabile è già standardizzato all'interno dell'ente. Prendiamo ad esempio gli orari della piscina: se qualcuno chiede quando apre la piscina e nessuno lo ha pubblicato né comunicato all'interno dell'ente, questa informazione non è standardizzata; se si vuole portare questa informazione a livello di sportello, occorre intanto renderla standardizzata. Tutto quello che è oggettivo, dovrebbe essere nel tempo standardizzato e reso in qualche modo disponibile.

Quello che non è standardizzabile, quello che non è in qualche modo gestibile, è invece ciò che riguarda una certa procedura nel dettaglio o una conoscenza specifica del contesto in cui qualcosa accade. Pensiamo ad esempio allo sportello sociale di un ente, dove tendenzialmente è molto difficile rendere polifunzionale quello che avviene, appunto

---

[3] *La quinta disciplina: l'arte e la pratica dell'apprendimento organizzativo* di P. Senge, Editoriale Scientifica, Milano, 2019

perché il tipo di domande che si fanno implicano come risposta la lettura del contesto della specifica situazione, che fanno già parte del servizio che si eroga. Quindi è necessario che ci sia qualcuno veramente di specialistico in quell'attività.

Prendiamo un altro esempio: lo stato di avanzamento di una pratica è senza dubbio una informazione specialistica di primo livello. Perché? Se si presenta una istanza e dopo qualche settimana è necessario interpellare l'Ente per sapere in quale punto del procedimento di lavorazione si trova l'istanza, questo è un elemento oggettivo. Chiunque potrebbe rilevare attraverso il sistema informativo dove essa si trova (sempre che il sistema sia configurato per farlo, ma dovrebbe esserlo) -infatti in molti casi è data la possibilità all'utente di consultare il sistema informativo per vedere in autonomia lo stato della pratica. Nel momento in cui però io chiedo come mai la pratica è in quello stato e voglio capire alcuni aspetti inerenti alla mia pratica, è evidente che la persona più titolata a darmi queste informazioni è responsabile di quel procedimento. È inutile che lo sportellista cerchi di gestire questa istanza perché si porrebbe come ulteriore anello della catena senza probabilmente offrire alcun valore aggiunto.

Quindi ci sono ambiti di specializzazione dove non ha senso che lo sportello si inserisca, non per incapacità ma per caratteristica del modello stesso.

Che rischi dobbiamo evitare in questa gestione dell'aspetto informativo? Ovviamente l'informazione deve essere aggiornata, affidabile e facilmente accessibile. Chi opera allo sportello deve avere la possibilità di poter accedere alle informazioni ed essere certo che, nel momento in cui prende l'informazione, questa sia corretta.

Se le informazioni non girano bene all'interno dell'ente, lo sportello polifunzionale acuirà questa criticità. Perché se all'ufficio sport chiedono quando apre la piscina, probabilmente l'operatore è a conoscenza dell'informazione e non ha bisogno di rilevarla dal sito internet; inoltre, se sul sito internet quell'informazione non è aggiornata, se ne accorgerà subito.

Se chi opera allo sportello polifunzionale invece accede alla pagina dell'ufficio sport, è molto probabile che non rilevi che questa informazione non è aggiornata e pertanto darà un'informazione sbagliata.

Quindi l'aspetto informativo trasversale funziona se tutti gli uffici dell'ente sono in grado di garantirne l'aggiornamento, l'affidabilità e ovviamente è facile rilevare queste informazioni perché sono bene organizzate. La capacità dei servizi specialistici di mantenere vivo nel tempo questo canale di aggiornamento informativo è un tema importante e verrà ripreso in seguito.

1.5 L'erogazione dei servizi di primo livello non specialistici

Per quanto riguarda l'aspetto operativo dell'erogazione dei servizi non specialistici, la logica è la medesima. Nel senso che ci sono molti procedimenti che hanno un'istruttoria snella, che può essere completata già in fase di front office, un'istruttoria che presuppone una mera verifica di requisiti, un pagamento, un'iscrizione -insomma, tutte attività che non necessitano di esplicare la competenza in fase istruttoria.

Molti procedimenti inoltre hanno una fase di front office e poi separatamente una fase di istruttoria, in back office, anche nei servizi specialistici. L'importante è che si riesca a svolgere la fase di front office in modo in qualche modo ragionato e non semplicemente prendendo in carico o riversando nel sistema informativo dell'ente una pratica senza prima verificarne la sua competenza. Si tratta di attività che in genere, avendo a disposizione i giusti supporti, possono essere svolte anche da chi non è esperto della materia cui afferisce la istanza. Se per accettare una certa pratica serve produrre gli allegati A, B e C, se non c'è A, B o C, non è completa e non può essere accettata. Anche chi non la sa istruire può effettuare questa attività, ovviamente se può disporre di un supporto chiaro, comodo ed efficace.

Le procedure operative che possono essere realizzate presso lo Sportello sono quindi l'accettazione di pratiche, ma anche il rilascio di atti o di documenti, le certificazioni o le attestazioni, le iscrizioni, tutti ambiti che sono caratterizzati dal fatto di avere delle regole abbastanza chiare e rigide di accettazione o di non accettazione.

Quali sono i potenziali rischi nell'introdurre questo compito all'interno dello sportello? Ovviamente il fatto che le operazioni da svolgere per l'accettazione o per il rilascio del servizio devono essere definite e condivise; quindi, occorre avere una competenza su quell'attività e avere una dimestichezza con i sistemi informatici da utilizzare.

È altresì importante conoscere l'interazione delle procedure tra di loro: se l'operatore è a conoscenza del fatto che dopo l'iscrizione anagrafica serve l'iscrizione per la tassa dei rifiuti (TARI), sarò lui stesso a dirlo al cittadino e non starà ad aspettare che il cittadino lo chieda. Quindi, la polifunzionalità tendenzialmente è una consapevolezza più di chi eroga il servizio che non di chi ne fruisce.

1.6 L'ascolto dell'utente per il supporto all'attività di miglioramento

Rispetto al terzo filone, l'attività di ascolto e il miglioramento della qualità dei servizi erogati, anche qui in genere si trasla, si valorizza o si potenzia quelli che sono gli ambiti già presidiati da un Ufficio di Relazione con il Pubblico (URP). Quindi, grande attenzione alla misurazione del livello di soddisfazione dell'utenza, a rilevare le eventuali esigenze che emergono dalla transazione e a rilevare eventuali nuove istanze emergenti.

Qual è il senso di questo filone di attività e perché, pur con un peso diverso rispetto ai primi due appena visti, si ritiene che sia oggettivamente importante? Perché non vorremmo che inconsapevolmente passasse il passaggio che la creazione dello sportello polifunzionale Smart risultasse in qualche modo più orientata a un concetto di efficientamento piuttosto che a mantenere elevata la qualità della relazione.

Ma soprattutto dell'attenzione a sfruttare la relazione con il cittadino come momento chiave anche di comprensione di quelle che sono le proprie esigenze.

Già la citata legge sulla comunicazione pubblica, la Legge n. 150 del 2000, aveva messo in chiara luce questo aspetto strategico della funzione del front office negli enti.

Un esempio molto banale per spiegare il concetto. La creazione dei moduli e delle checklist non è un compito dello sportello polifunzionale ma di chi presidia un procedimento, quindi dell'operatore specialista di back office. Lo sportello lo utilizza come strumento fatto da altri, lo deve conoscere, lo deve utilizzare, ecc. Mettiamo il caso che l'operatore di front office si accorga, quando consegna questo modulo all'utente, che non è chiaro perché gli utenti pongono sempre le stesse domande non avendo compreso alcuni termini, o i caratteri sono talmente piccoli che possono creare problemi. Lo stesso operatore potrebbe pensare: *"non è un modulo mio, non mi interessa, io devo seguire la mia parte, devo darlo all'utente e raccogliere le informazioni"*. Ma in quel momento, l'operatore rappresenta l'occhio e l'orecchio dei servizi specialistici: se non vengono colte le informazioni che arrivano dal rapporto diretto con il cittadino e queste cose non vengono valorizzate, non se ne fa tesoro e non si comunicano a chi deve modificare questo modulo, si sto svolgendo in modo parziale il compito proprio del front office. Chi opera allo sportello deve essere veloce ed efficiente, ma anche saper utilizzare questo momento di confronto anche come di attenzione agli aspetti di miglioramento di sistema.

1.7 Il supporto al percorso di sviluppo digitale dei servizi

Il quarto filone di compiti è il supporto al percorso di sviluppo digitale dei servizi; occorre premettere che lo sportello polifunzionale Smart non è la concorrenza ai servizi online, ma deve in qualche modo supportarne l'evoluzione o la transizione, come si ritiene più correttamente di indicare. Come? Intanto, informando l'utente che determinati servizi si possono fruire anche online. Purtroppo, non tutti i cittadini ne sono a conoscenza e ne sono consapevoli, nonostante il fatto che, generalmente, la comunicazione sia efficace e capillare. Si possono offrire dei servizi di facilitazione o di supporto, in cui allo sportello si mostrano le procedure informatiche e le operazioni da seguire per gestire in autonomia la transazione via web. Spesso gli enti mettono a disposizione negli spazi di attesa delle apposite postazioni per consentire all'utente di effettuare in autonomia o, se richiesto, con supporto di un operatore, le operazioni on line. È in un certo senso un ruolo di marketing del servizio fornito telematicamente.

1.8 Le resistenze al cambiamento

Si è già accennato al tema della creazione di supporti per il front office polifunzionale. Creazione di supporti vuol dire standardizzazione, vuol dire definire moduli, checklist, risposte alle domande più frequenti (le c.d. "FAQ") e quanto può essere di ausilio nell'agevolare la risposta del front office alle richieste, spesso ripetitive, del cittadino.

Cosa può ostacolare questo percorso di standardizzazione delle informazioni e dei servizi? La situazione varia ovviamente da ente a ente, ma molto spesso avere sotto il proprio controllo tutto l'aspetto informativo -dal front office al back office- è in qualche modo considerato un elemento di potere: sono io che gestisco quell'ambito e il rapporto con l'utenza è in qualche modo imprescindibile con il mio ruolo.

È capitato purtroppo, in diverse situazioni, di essere soggetti a due spinte fra di loro opposte: da un lato l'organizzazione non ha idea di quanto renda complicato il lavoro per l'operatore la continua interruzione a causa dei rapporti con il cittadino che telefona o arriva fisicamente, però lo stesso operatore è il primo a chiedere che non venga tolto questo rapporto perché reputato fondamentale per poter lavorare con qualità. Il corretto presidio di una tematica in realtà non necessita di un continuo rapporto con l'utente per questioni che non siano specialistiche.   Quindi bisogna essere consapevoli che l'unico modo di presidiare una tematica non è presidiarla nella sua completezza, ma è possibile anche un altro modello di gestione e di presidio, come quello proposto dalla presenza dello sportello polifunzionale Smart.

Non è raro, infine, che qualcuno provi a mettersi nei panni dell'utente ritenendo che: "l'utente è più rassicurato se ad accoglierlo c'è lo specialista, la persona che lui sa essere molto competente". Certo, se una persona dovesse andare presso la propria azienda sanitaria a chiedere un'informazione per una visita e gli offrissero di scegliere se parlare con l'operatore dello sportello dell'accoglienza o con il primario, cosa sceglierebbe? Molto probabilmente preferirebbe il primario a quel punto, perché si presume che ne sappia di più. Ma non è questo il livello a cui si lascia scegliere all'utente in autonomia con chi parlare nell'organizzazione. L'organizzazione deve essere tale che, anche se ad accogliere l'utente per la sua istanza o informazione di primo livello non c'è lo specialista ma qualcun altro, se questo sa orientare, soddisfare, gestire, l'utente sia soddisfatto da quella persona. È tutta l'organizzazione deve in qualche modo essere orientata e remare in questa direzione.

Quindi, l'organizzazione deve fare in modo che le competenze a livello decentrato di sportello siano tali che non ci sia differenza tra quello che gli avrebbe detto il primario di turno o lo specialista. Non ci sono livelli di serie A e di serie B, ma casomai domande di serie A e domande di serie B, domande importanti che devono essere gestite da uno specialista e domande - che sono la maggior parte, alla fine- che hanno risposte che possono essere standardizzate. Là dove, in misura residua, lo sportello non fosse in grado di dare risposte direttamente, occorre come già detto orientare l'utente verso lo specialista, organizzando e filtrando questo rapporto.

CAPITOLO 2: LA PROGETTAZIONE ORGANIZZATIVA DELLO SPORTELLO POLIFUNZIONALE SMART

2.1 La scelta del modello

Cosa vuol dire progettare uno sportello polifunzionale Smart?

Vuol dire innanzitutto definire alcune scelte di fondo. La prima consiste in quale tipologia di utenti si intenda soddisfare ed eventualmente, se vi sono più tipologie di utenti, se è opportuno pensare a un unico sportello polifunzionale piuttosto che uno sportello strutturato in gruppi di lavoro autonomi.

Cosa si intende con target nel caso dello sportello polifunzionale Smart? Tendenzialmente i target sono tre.

Il primo è quello dei cittadini "semplici" che vengono per esigenze tipicamente connesse al diritto di cittadinanza. Quindi, generalmente istanze connesse alla residenza, alle pratiche inerenti allo stato civile, al pagamento delle tasse o delle sanzioni, talvolta anche per piccole pratiche autorizzatorie in ambito edilizio ecc.

Il secondo target è quello del cittadino in veste professionale che si affaccia ai servizi per questioni legate all'attività economica o imprenditoriale. Tendenzialmente, quello che il legislatore vede negli enti locali come utente del servizio SUAP - Sportello Unico Attività Produttive, del servizio Commercio o del SUE- Sportello Unico Edilizia. Assai spesso il rapporto con l'ente che eroga servizi è mediato da figure professionali (architetti, geometri, ingegneri, commercialisti o altro), che conoscono le procedure e le richieste da attivare. Questa tipologia di utenza ha anche un livello di conoscenza informatica decisamente avanzato e la stessa normativa spinge per l'attivazione dei servizi on line; quindi, è possibile puntare più facilmente su soluzioni che vadano nella direzione della completa digitalizzazione del servizio.

Il terzo target - che in genere si tende a distinguere dal primo - è quello del cittadino in una situazione di disagio sociale. Perché si tende a distinguere dal cittadino "semplice"? Perché il disagio sociale ha una contestualizzazione delle problematiche che non sono facilmente ascrivibili all'interno di risposte standardizzate, ma è la situazione in sé che deve essere in qualche modo spesso compresa e che porta poi a scegliere tra diverse tipologie di possibile offerte di servizio. Non a caso la normativa prevede uno sportello sociale per questo tipo di pratica che è qualcosa di effettivamente diverso.

Quindi "Sportello del Cittadino", "Sportello Attività Produttive-SUAP-SUE", "Sportello Sociale" sono a nostro avviso tre entità che andrebbero mantenute, se possibile, differenziate perché vanno a toccare target sostanzialmente diversi, qualora si intenda includerli tutti nel costituendo sportello polifunzionale.

Nella progettazione organizzativa dello sportello, la logica da seguire non è tanto quella della specializzazione per materia ma quella del target di riferimento.

Un esempio. Ci sono in ambito edilizia pratiche relative a permessi di costruire o segnalazioni o certificati che vengono gestite attraverso il personale tecnico e anche online. Ma ci sono spesso, sempre gestite dagli stessi uffici tecnici, altre tipologie di pratiche come, per esempio, l'attestazione di idoneità alloggiativa o la richiesta di contributi per le barriere architettoniche, in cui il target di riferimento è il cittadino "semplice". Quindi, stando al ragionamento proposto, queste tipologie di pratiche dovrebbero e potrebbero essere gestite per target e non in base al servizio dell'Ente (tecnico, nel caso specifico) competente a gestirle. Infatti, se uno sportello polifunzionale viene organizzato e preparato per dare risposte anche su questi aspetti – ed è assolutamente possibile – si sgrava l'ufficio tecnico. Si deve, cioè, rovesciare l'ottica con cui si guardano le cose: il fulcro è il target e le sue caratteristiche e non l'operatore e le sue competenze. Certo, per riuscire ad arrivare a questo risultato occorre, come poi si vedrà, un lavoro sui processi, la standardizzazione, la digitalizzazione e la preparazione del personale. Non è un passaggio che si crea in maniera automatica, ma ci si può arrivare, se si hanno le idee chiare di dove si vuole andare.

Analogo esempio si potrebbe fare in ambito sociale. Vi sono delle situazioni di ambito sociale che probabilmente non c'entrano niente con la polifunzionalità di cui stiamo parlando, perché richiedono un intervento molto specifico. Ci sono però altre pratiche o bonus che riguardano semplicemente la presa d'atto da parte del servizio di situazioni familiari che danno accesso ad un diritto e che non c'entrano nulla con il disagio sociale: queste procedure potrebbero, opportunamente organizzate, essere oggetto di una analisi e di un possibile coinvolgimento dello sportello polifunzionale Smart, analogamente all'esempio prima citato dell'ufficio tecnico.

L'altro elemento di fondo che in qualche modo deve essere definito prima di cominciare a censire quali servizi portare allo sportello è quello del modello di territorialità del servizio che si intende offrire.

Cosa si intende per territorialità del servizio? Si intende il livello di decentramento e di presenza distribuita sul territorio, ad esempio nei quartieri/Municipalità o altro, in cui il cittadino può accedere per avere il servizio, spesso con lo stesso livello di profondità offerto nelle strutture centrali dell'ente.

Questa è una necessità che riguarda ovviamente soprattutto enti di grandi dimensioni, anche se occorre segnalare che talvolta capita anche in enti di più piccole dimensioni, ad esempio, in realtà che sono frutto di fusioni tra enti, dove si ravvisa la necessità da parte del singolo ex-comune - ora fuso con gli altri - di mantenere nei precedenti Municipi, il presidio di un certo livello di servizi.

Si parla in questo caso di un modello di sportello polifunzionale decentrato sul territorio; è infatti da valutare se uno sportello polifunzionale con due o tre sedi, in base ovviamente a quanti enti sono fusi o a quante sono le municipalità di decentramento, debba garantire ovunque lo stesso livello di servizio (creando repliche o copie di uno stesso modello) o se è opportuno prevedere livelli differenziati di offerta a seconda delle diverse situazioni.

2.2 Il censimento delle attività con impatto esterno ed il dimensionamento dell'organico

Una delle fasi fondamentali della progettazione dello sportello polifunzionale Smart è relativa al censimento delle attività che vengono svolte dall'ente, in particolare con riferimento al carico di impegno del personale dedicato alla gestione del pubblico e quindi la conseguente valutazione del dimensionamento dell'organico necessario a gestire quelle attività in maniera accentrata o con le modalità prescelte.

Sul tema del censimento a nostro avviso è opportuno che la decisione di definire cosa verrà svolto nello sportello non sia lasciata alla discrezionalità o alla volontà di ogni settore ma sia oggetto di un momento di confronto guidato. Generalmente si istituisce un comitato guida del progetto, organo di coordinamento in cui gli elementi raccolti e descritti in questo paragrafo vengono dibattuti insieme al vertice amministrativo e politico dell'ente, al fine di arrivare ad un orientamento sulle scelte basato sui dati e sui fatti e quindi, tendenzialmente, più razionale e oggettivo.

Se infatti ad ogni settore si lasciasse la libertà di fare l'elenco delle cose che si ritiene possano essere gestite dallo sportello, significherebbe dare la possibilità a questi di poter decidere cosa includere e cosa escludere nelle attività portate avanti dallo sportello, portando, nella migliore delle possibili ipotesi, a una discrezionalità non sempre frutto di ragionamento organizzativo.

L'approccio che proponiamo in questo volume vuole invece evidenziare l'importanza di mettere tutto il complesso delle informazioni che riguardano le attività gestite sul tavolo decisionale e di decidere sulla base di parametri oggettivi dal punto di vista logico ed organizzativo. Quindi, il primo passo non è una semplice ricognizione di cosa si ritiene debba andare allo sportello o meno ma è innanzitutto una mappatura a trecento sessanta gradi di tutto ciò che è front office nell'ente, in qualsiasi ufficio esso si esplichi. Si censisce quindi tutto ciò che ha una relazione con l'utente e si valuta dopo se è troppo specialistica e, quindi, se ha senso coinvolgere lo sportello oppure no. Però, lo si decide attraverso un lavoro di razionalizzazione condiviso e non ognuno per sé con un proprio metro di giudizio.

Si utilizzano ovviamente strumenti di analisi organizzativa per inquadrare e valutare le situazioni, come le schede di rilevazione per censire le procedure e le attività.

Generalmente tra le informazioni che occorre rilevare vi sono:

- identificazione del prodotto servizio concreto rilasciato - cioè qual è la fine dell'attività di front office[4];

- volume medio anno di prodotto/servizio: - quante richieste, ad esempio, di concessione vengono prodotte l'anno;

- chi sono gli operatori che se ne occupano - per capire quante persone sono in qualche modo coinvolte;

- tempo medio dedicato per ogni singola richiesta a livello di front office - quanti minuti ci vogliono per gestire sempre in fase di front office[5]

- tipologia di transazione – distinguendo tra transazione solo informativa, oppure se è una transazione di erogazione di un servizio compiuto (pensiamo alla carta identità

---

[4] Per esempio, in una ipotetica richiesta di occupazione di suolo pubblico la procedura sarà l'occupazione di suolo pubblico, il prodotto servizio non è la concessione perché la concessione non viene effettuata in front office ma il prodotto servizio dell'attività di sportello sarà la accettazione di una richiesta di concessione.

[5] È un censimento solo del front office. Quanti minuti ci vogliono per gestire ogni singola istanza. Ad esempio, dieci minuti per cento pratiche rappresenta un certo volume di tempo, che corrisponde ad un carico di lavoro. Quello è il carico che verrà trasferito allo sportello polifunzionale se si valuta di portare questa procedura dal servizio specialistico allo sportello.

oppure a un certificato anagrafico) oppure una semplice accettazione (per esempio, occupazione di suolo pubblico).

- livello di standardizzazione attualmente presente - se esiste una modulistica, una checklist o criteri che identificano in modo chiaro, standardizzato quando una istanza si può definire completa e quando no.

Solo effettuando una rilevazione centrata sugli elementi sopra descritti è possibile rendersi conto del volume di transazioni che ogni anno vengono gestite dai front office di tutti gli uffici dell'Ente. Gli autori del presente volume sono stati testimoni in molte occasioni di situazioni in cui gli stessi responsabili apicali non avessero idea di quanta parte del tempo del proprio personale venisse dedicato alla gestione del front office invece che dell'attività istruttoria a maggiore contenuto di know-how ed esperienza. Sono queste sorprese che spiazzano i responsabili dell'organizzazione e li inducono a riflettere sulla micro-organizzazione del personale negli uffici.

Altri elementi che possono emergere riguardano la presa di consapevolezza del grado di effettiva standardizzazione -e quindi replicabilità -delle procedure da parte del personale delle procedure operative più routinarie. In molti enti, la standardizzazione è ancora una chimera. Nessuno ha una istruzione su come portare avanti la procedura, si fanno le cose per prassi ("si è sempre fatto così"), senza mettere in discussione il perché lo si fa così e non in maniera differente. Se mancano degli standard, una modulistica chiara di supporto, un insieme di regole o procedure da seguire nel processo, è praticamente impossibile pensare di poter trasferire una attività da un servizio all'altro, perché indissolubilmente legata alle persone.

Il tema della standardizzazione è un tema su cui bisogna lavorare in molte realtà per rendere più prevedibile e governabile la risposta da dare alle istanze che arrivano all'ente. Si pensi ad esempio alla standardizzazione dei flussi di accesso, cioè disporre di dati che consentano di poter predire – con un certo margine di ragionevolezza – che in un certo mese, statisticamente, avremo maggiore esigenza di avere allo sportello persone che lavorino su un tema piuttosto che un altro. Disporre di sistemi intelligenti di conoscenza delle procedure che, standardizzate, possono essere trasferite e conosciute anche allo sportello permette di poter ottimizzare le risorse in funzione del bisogno e quindi di dare un miglior servizio all'utenza.

La quantificazione del dimensionamento dell'organico dello sportello, pertanto, deriva dalla valutazione della quantità di ore di lavoro (carico) che occorre mediamente in un certo arco temporale per gestire quelle transazioni di informazione o di primo livello di erogazione del servizio, non specialistico, che derivano dal censimento effettuato. La sommatoria del monte ore dedicato nell'ente a tutte quelle attività di cui potranno essere liberati gli uffici specialisti di back office, rappresenta il volume di ore lavoro necessarie a far funzionare lo sportello. In prima approssimazione, si riporta quindi tale volume di ore a parametri standard, noti come Full Time Equivalent, cioè il volume di ore processabile da un operatore impiegato full time in quella attività. Sono parametri standard che in ambito di analisi organizzativa servono per definire la quantità di persone che servono per riempire di contenuti una attività che si va a costruire.

Una volta definita la mappa delle attività che ha senso portare allo sportello e quelle che invece non possono o non conviene portare e definita la quantità di operatori che potrebbero servire per gestire tale trasferimento, occorre leggere all'interno dell'organizzazione per capire quali competenze servono e chi potrebbe essere idoneo a svolgere tale ruolo. In molti casi, qualunque soluzione ci si trovi a dover affrontare, occorrerà mettere mano alla micro-organizzazione. Si pensi soltanto che spostare una persona da un ufficio specialista allo sportello polifunzionale rappresenta togliere un certo carico di forza produttiva, non sempre necessariamente dedicata a gestire il primo livello di servizio o di informazione all'utenza. Quello che viene tolto deve essere rimpiazzato o gestito diversamente per non creare disagi o problemi all'ufficio "cedente".

Insomma, non è semplice. Ma è una tipica attività di riorganizzazione dei servizi che generalmente tutte le realtà più o meno complesse vivono periodicamente.

2.3 La progettazione dei moduli organizzativi dello sportello

Il modello di sportello polifunzionale Smart che intendiamo proporre non è costituito unicamente dagli sportelli di interazione con l'utenza, ma è un sistema più articolato che prevede almeno i seguenti moduli organizzativi:

- sportello di accesso ed indirizzamento dell'utenza;
- sportelli di contatto con l'utenza, generalisti o tematici;
- sportello telefonico – call center

Si collega a questi moduli organizzativi il back office, rappresentato dagli uffici specialisti di materia che alimentano di informazioni ed aggiornamenti il front office e che ricevono gli utenti inviati dal front office stesso.

Questi tre moduli organizzativi devono dialogare tra loro ed essere integrati per offrire all'utente la migliore esperienza di servizio possibile ed evitare che vi siano carenze o buchi informativi o, peggio, informazioni errate. In sostanza, occorre costruire un vero e proprio sistema organizzato focalizzato sull'utente e su come può navigare all'interno dei servizi dell'ente con efficacia per ottenere ciò di cui ha bisogno.

In particolare, le caratteristiche che hanno i moduli organizzativi citati sono le seguenti:

a) <u>Sportello di accesso per indirizzamento dell'utenza</u>: è il primo filtro che l'utente si trova quando accede presso l'ente e ha lo scopo di comprendere l'esigenza del cittadino a e di orientarlo alla sua soluzione, fornendo informazioni o modulistica specifica oppure indirizzandolo ad uno degli sportelli di servizio presenti, oppure ancora prendendo un appuntamento specifico con gli specialisti di back office. Il suo ruolo e la sua importanza sono meglio descritti nel successivo capitolo 4.

b) <u>Sportelli di contatto con l'utenza generalisti o tematici</u>: sono il cuore del servizio e collocati negli spazi principali in cui avviene la transazione con l'utenza. Devono essere dotati di opportune sedute per il pubblico, in modo da favorire la corretta relazione tra operatore e utente, prevedendo l'assenza di barriere. Le postazioni possono essere tra loro isolate in maniera da garantire la privacy quando il cittadino vi si reca e dotate di tutti gli strumenti necessari per poter gestire la transazione quindi stampanti -anche condivise- o altro.

Si possono prevedere, oltre alle postazioni polifunzionali in senso stretto su cui ruotano i dipendenti del servizio, postazioni specialistiche, anche temporanee, collocate nei medesimi spazi dello sportello polifunzionale. Questi sportelli tematici, ad esempio lo "sportello iscrizioni servizi estivi post-scuola", servono per gestire quelle utenze particolari in certi momenti dell'anno in cui vi possono essere dei picchi di domanda. Queste postazioni possono essere attivate con personale di back office specialista che, anche con una programmazione oraria se definita a priori, attiva lo sportello per la ricezione del pubblico solo per quelle esigenze specifiche.

Nella sala per la gestione degli sportelli polifunzionali, possono essere presenti anche postazioni dedicate non temporanee, per gestire in maniera specifica determinate transazioni che richiedono un requisito di privacy o di specializzazione particolare. Ad esempio, gli sportelli di Stato Civile generalmente sono distinti dagli altri sportelli polifunzionali in quanto trattano argomenti particolari e richiedono personale con specifica specializzazione. Così come, ad esempio, sportelli specifici come il SUAP o lo sportello per il pagamento delle sanzioni di Polizia Locale, di solito sono postazioni tematiche collocate nel contesto fisico dello sportello polifunzionale Smart, ma distinte e chiaramente distinguibili.

Gli operatori di sportello devono essere dotati di sistemi informativi idonei a gestire tutte le transazioni di primo livello che si è ritenuto di portare a livello di sportello polifunzionale. Quindi, gli applicativi informatici di cui lo sportello deve essere dotato devono possedere l'accesso per consentire l'eventuale tra "ingressamento" delle pratiche anche per l'eventuale proseguimento dell'iter istruttorio da parte del back office. Anche gli operatori di sportello polifunzionale possono avere a disposizione il sistema di agende condivise con il back office, per prenotare appuntamenti specialistici, qualora si ravvisi la necessità.

c) <u>Sportello telefonico o call center</u>: esso fa parte a tutti gli effetti del sistema dello sportello polifunzionale Smart in quanto gran parte delle esigenze degli utenti, soprattutto a livello informativo, possono essere gestite mediante contatto telefonico. Anche la gestione degli appuntamenti con gli specialisti può eventualmente essere gestita attraverso questo canale. Per questo gli operatori adibiti allo sportello telefonico o call center devono avere lo stesso livello di preparazione sulle procedure degli altri sportelli e quindi conoscere cosa comporta l'attivazione di una procedura o di un'altra, quali documenti occorre portare.

Nel modello di sportello polifunzionale Smart proposto, gli operatori ruotano periodicamente su tutti e tre i moduli organizzativi previsti, in quanto cambiando postazione e modalità di relazione con l'utenza, lo stesso operatore impara da punti di vista diversi esigenze differenti e acquisisce pertanto una maggiore sensibilità e attitudine a comprendere velocemente i bisogni che l'utenza può manifestare. Pertanto, la squadra dello sportello polifunzionale Smart, come dopo vedremo, viene formato affinché possa gestire efficacemente l'insieme delle procedure che interessano un servizio con una prospettiva di polivalenza anche all'interno dei diversi moduli organizzativi dello sportello stesso, dando implicitamente maggiore robustezza al servizio stesso, in caso di assenza.

2.4 La progettazione del nastro orario di apertura al pubblico

L'orario di apertura è un elemento molto impattante nella percezione di qualità di uno sportello.

Fino ad una decina di anni fa, la massima ampiezza dell'orario di apertura era anche l'obiettivo di qualità a cui tutti puntavano; nell'esperienza degli autori si annovera la progettazione di sportelli polifunzionali con orari di apertura molto ampi, anche di quarantacinque o cinquanta ore settimanali, oppure con apertura fino ad orari tardi, come le nove di sera. Orari molto ampi perché in qualche modo si riteneva che la maggiore apertura oraria significasse intercettare meglio e con maggiore efficacia le esigenze dell'utenza.

Oggi questo è aspetto venuto un po' meno, lo sviluppo dei servizi on line ha indubbiamente impattato sulle esigenze di alcune fasce di utenza e modificato le abitudini di accesso ai servizi.

Nel modello proposto in questo volume si reputa che l'orario di apertura al pubblico dello sportello debba essere progettato secondo due principi fondamentali. Il primo e deve essere in grado di soddisfare quelle che sono le esigenze degli utenti. Sembra una tautologia ma è così: lo sportello nasce e si deve orientare intorno al cittadino, alle sue esigenze.

Quindi occorre conoscere bene la realtà locale in cui si progettano i servizi prima di valutare se, ad esempio, l'opzione dell'apertura dello sportello durante la fascia 13.00-14.30 rappresenta una scelta utile o meno. In qualche caso, ad esempio in realtà con forti insediamenti produttivi o con attività economiche, può rappresentare una opzione utile, ma in altre realtà questa proposta può rappresentare solo uno spreco di risorse umane ed economiche.

Altro esempio, l'apertura dello sportello il giorno del sabato, tema molto dibattuto. Rappresenta sicuramente un elemento di accesso e di servizio che può essere percepito come positivo dal pubblico, ma occorre avere dei dati effettivi sulla reale fruizione per capire se il gioco vale la cosiddetta candela o meno. Perché l'utenza potrebbe essere indotta ad utilizzare lo spazio del sabato, che comporta generalmente un dispendio di energia ed organizzazione, solo perché vi è l'offerta, mentre potrebbe anche soddisfare le proprie esigenze, senza diminuire il livello di positiva percezione del servizio con modalità alternative -ad esempio, con presa di appuntamento, gestione dei servizi on line ed altro.

Con la polifunzionalità organizzativa è possibile ottimizzare il personale necessario allo sportello: se tutti sanno gestire tutte le transazioni di primo livello e le informazioni relative, è possibile programmare la presenza del personale in funzione dei picchi di utenza senza temere che possa venire meno la qualità del servizio offerta e della risposta data.

Per progettare il nastro orario di uno sportello polifunzionale Smart, è importante considerare vari fattori che influenzeranno l'efficienza e la soddisfazione degli utenti. Ecco una breve guida per aiutare a creare un orario funzionale e pratico:

- Analisi delle esigenze degli utenti
    - Identificazione del target: determinare chi utilizza lo sportello (es. studenti, lavoratori, anziani) e i loro orari tipici.
    - Tipologia di servizi offerti: elencare tutti i servizi disponibili allo sportello per capire quanto tempo richiede ciascun servizio.

- Orari di apertura e chiusura
    - Orari standard: decidere un orario di apertura e chiusura che copra la maggior parte delle esigenze degli utenti.
    - Flessibilità: valutare la possibilità di orari flessibili, come aperture serali o nel fine settimana, per accontentare utenti con esigenze diverse.
- Gestione del personale
    - Turni di lavoro: organizzare i turni di lavoro del personale in modo da garantire una copertura continua senza sovraccaricare gli impiegati.

- Formazione: assicurarsi che il personale sia adeguatamente formato per gestire una varietà di richieste.

- Gestione delle code
    - Sistema di prenotazione: implementare un sistema di prenotazione online per ridurre i tempi di attesa.
    - Distribuzione degli afflussi: analizzare i picchi di affluenza per organizzare al meglio i turni e gli orari di apertura.
- Comunicazione agli utenti
    - Chiarezza: assicurarsi che gli orari di apertura siano chiaramente comunicati tramite vari canali (sito web, social media, avvisi in loco).
    - Aggiornamenti: informare tempestivamente gli utenti di eventuali cambiamenti negli orari.

CAPITOLO 3: LA SEMPLIFICAZIONE DEI PROCESSI – LA CHIAVE DEL SUCCESSO

3.1 La razionalizzazione delle procedure

La progettazione e realizzazione dello sportello polifunzionale Smart non porta a modificare le responsabilità procedimentali, in quanto gli uffici di back office specialisti per tematica continuano ad essere i responsabili per quei procedimenti che li riguardano; come già illustrato, cambia la modalità con la quale il cittadino inoltra le richieste e come queste girano all'interno dell'ente.

Nel modello di organizzazione tradizionale, come si è già visto, ogni ufficio specialistico riceve il proprio pubblico, spesso con orari differenti tra i vari uffici e conseguente disagio per l'utente che magari è presso l'ente proprio per più pratiche collegate tra loro, e il front office viene gestito da specialisti che svolgono questa funzione temporaneamente prima di rituffarsi nella istruttoria delle pratiche da smaltire.

Nel modello dello sportello polifunzionale Smart il primo livello di accettazione della pratica avviene presso sportelli che sono appunto polifunzionali; la pratica verrà successivamente presa in carico dal back office per essere elaborata e finita. Come è possibile che questo avvenga con successo e senza errori? Solo attraverso la razionalizzazione delle procedure che riguardano il front office ed il back office.

Nella pratica, una volta decise le procedure che dovranno essere trasferite come front office allo sportello polifunzionale Smart, si istituisce un gruppo di lavoro che ha come compito quello di rappresentare (mappare) e definire tutti gli elementi ed i passaggi che la pratica effettua, dal momento in cui il cittadino si presenta allo sportello sino al momento in cui viene a ritirarla o viene inviata al richiedente elaborata.

Questa rappresentazione, generalmente aiutata da appositi strumenti di descrizione visuale dei flussi (es. flow-chart o altro), consente di individuare le diverse fasi e le responsabilità che intervengono nel percorso. Sulla base di questa rappresentazione ci si interroga, innanzitutto, se è possibile migliorare il flusso secondo una logica di semplificazione[6]. Non ci

---

[6] *Spending review snella per la PA. Individuare gli sprechi nei processi organizzativi per lavorare meglio ed in modo sostenibile*, di B. Susio e E. Barbagallo - Wolters Kluver, Milano 2020;
La Pubblica Amministrazione Snella di A. Galgano e di B. Susio - Guerini & Associati, 2004

soffermiamo qui sulle importanti tecniche di miglioramento e semplificazione dei processi, che sono oggetto dei volumi segnalati in nota. Questo importante passaggio di semplificazione deve consentire di avere dei flussi di transazione tra front e back office ottimizzati e quindi più flessibili. Inoltre, la condivisione del flusso tra operatori di front e back office deve servire per definire anche il discrimine attorno al quale si definisce il confine della procedura; o meglio, si definisce fino a quale livello il processo può essere gestito dallo sportello polifunzionale Smart e da dove invece è coinvolto il back office.

Le procedure rappresentate sono corredate di tutti gli elementi necessari per essere rese intellegibili da chiunque e quindi dotate della modulistica di supporto e di tutte le istruzioni che occorreranno agli sportellisti polifunzionali per dare informazioni e gestire la transazione con il cittadino.

Tali procedure saranno raccolte e aggiornate periodicamente affinché non accada che gli sportellisti polifunzionali si trovino in situazione di imbarazzo con l'utente per una variazione normativa o procedurale non registrata e di cui non sono a conoscenza. Occorre quindi un lavoro di concerto e di integrazione continua tra back office e front office per l'adeguamento tempestivo delle informazioni e delle procedure.

Generalmente e auspicabilmente, queste procedure vengono trasformate in schede operative che servono anche ad alimentare il sistema informativo di supporto.

3.2 Il sistema informativo di supporto

La scelta del tipo di sistema informativo di supporto è un altro tema rilevante nella progettazione dello sportello polifunzionale Smart.

Esistono diverse soluzioni ormai sperimentate con successo in questi anni e adottate dagli enti locali di molte realtà consolidate. In generale, le alternative consistono nel decidere se integrare tutta l'attività dello sportello in una unica soluzione informatica oppure lasciare che gli applicativi si integrino con uno strato di accesso da parte dello sportellista.

Cerchiamo di comprendere meglio queste due alternative.

Nel primo caso, si procede con una revisione completa dei sistemi informativi, facendoli convergere verso una soluzione che possa integrarli tra loro, farli dialogare e poi consentire al front office di avere un'interfaccia di accesso unica. È una soluzione generalmente abbastanza impegnativa, ma è anche vero che molti enti che stanno sfruttando le risorse del PNRR digitale per migliorare i servizi al cittadino, si stanno orientando verso tale opzione;

opzione che richiede più impegno inizialmente per avere però poi gli applicativi integrati e sotto un unico cappello.

La seconda soluzione è invece più economica ma estemporanea, in quanto consiste nel creare a disposizione dello sportellista polifunzionale una maschera informatica di accesso alle procedure di interesse, ovviamente limitandolo al primo livello di servizio. In genere, gli uffici di supporto informatico degli enti sono in grado di progettare e realizzare soluzioni di tale natura che, come anticipato, richiedono allo sportellista di muoversi tra programmi che non sono tra loro necessariamente integrati.

In ogni caso, il sistema informativo di supporto allo sportello deve disporre di un database contenente tutte le schede di descrizione delle procedure gestite, con indicazione dei flussi, di chi fa cosa -evidenziando quindi il ruolo dello sportello in ogni procedura, di quale modulistica occorre per la gestione della pratica e quali ne sono i costi eventuali. Questo è essenziale per consentire l'operatività corrente, ma è ancor più importante soprattutto in fase di avvio dell'operatore allo sportello polifunzionale. È questa, infatti, la situazione in cui potrebbe avere maggiormente bisogno di attingere alle informazioni sulle procedure che si trova a dover gestire quando ha il pubblico di fronte.

CAPITOLO 4: LA PROGETTAZIONE DEGLI SPAZI DELLO SPORTELLO

4.1 Il lay-out – il modello di riferimento

Il layout e l'organizzazione degli spazi dello sportello hanno un'importanza rilevante nel modello Smart che proponiamo. Al di là del fatto che è noto che la gestione efficace degli spazi in un ambito di transazione di servizio è determinante per l'esperienza positiva da parte dell'utente, lo spazio è il fattore che permette una migliore organizzazione dei servizi e permette la funzione di filtro. Una logistica efficace deve anche garantire, cosa non sempre presente negli sportelli degli enti oggi, quel livello di privacy e comodità che porta ad avere transazioni potenzialmente meno conflittuali.

Quali sono i punti fermi nel nostro modello di cui tenere conto e che devono in qualche modo essere verificati in uno sportello polifunzionale Smart?

Per prima cosa garantire, se possibile, la divisione anche fisica e non solo organizzativa tra front office e back office o consulenza specialistica; altrimenti, il rischio è che l'utente possa facilmente evitare lo sportello puntando direttamente al servizio specialistico, vanificando del tutto la logica dello sportello polifunzionale come filtro Smart.

Inoltre, le postazioni di accesso devono essere comode per l'utenza, non prevedendo barriere troppo invasive, con la possibilità di due sedute per il pubblico e devono essere dotate degli strumenti necessari (stampanti ecc.) per poter gestire efficacemente la transazione. Allo stesso tempo, le postazioni devono essere tra loro isolate, in modo da garantire la privacy ed il rispetto della riservatezza, non solo per le operazioni più delicate ma in generale. È una questione di rispetto dell'utenza.

Va previsto uno spazio con sedute per il pubblico in attesa e generalmente anche uno spazio dedicato ai bambini, in cui possano stare impegnati temporaneamente senza creare problemi annoiandosi.

Nella progettazione degli spazi e degli arredi per gli sportelli è bene utilizzare una logica di immagine coordinata e utilizzare colori diversi per identificare i moduli in cui si articola lo sportello (es. postazioni di front office, postazioni specialistiche temporanee ecc.).

4.2 Lo sportello di indirizzamento

Lo sportello di indirizzamento nel modello proposto di sportello Smart gioca un ruolo essenziale, soprattutto negli sportelli con un numero di postazioni significativo.

I compiti svolti dallo sportello di indirizzamento sostanzialmente sono tre:

- accogliere la persona che arriva fornendo informazioni, modulistica e se si riesce anche servizi di rapida erogazione, purché non si crei fila;
- orientare l'utenza, indicando se lo sportello polifunzionale è il luogo idoneo in cui può essere soddisfatta l'esigenza o se deve andare a prendere un appuntamento con gli specialisti;
- filtrare l'utenza in accesso ai servizi specialistici previa verifica della effettiva presenza di un appuntamento con uno dei colleghi del back office.

Si comprende quindi che gran parte delle problematiche che si possono verificare in fase di gestione dell'utenza da parte dello sportello o degli specialisti possono essere evitate se lo sportello di accoglienza svolge efficacemente la propria funzione di filtro.

Per fare questo, occorre che il personale sia adeguatamente preparato e, contrariamente a quanto avviene generalmente ancora oggi in molti enti pubblici, non siano presenti le risorse meno valide bensì quelle che hanno professionalità e capacità di interagire efficacemente col pubblico. Per questo motivo, si suggerisce di gestire il personale del gruppo dello sportello in maniera tale da prevedere turni in cui, a rotazione, tutti passano dallo sportello di accoglienza. Sia perché così mettono a disposizione il know-how acquisito sulle procedure dello sportello sia perché così i dipendenti vedono con i propri occhi cosa chiede l'utente e quali problemi manifesta nella maggioranza dei casi.

Per poter svolgere efficacemente il proprio ruolo, l'operatore addetto allo sportello di indirizzamento deve disporre di una serie di informazioni relative alle diverse procedure a cui l'utente può accedere, complete della eventuale modulistica da rilasciare istantaneamente, dei costi da sostenere o quant'altro necessari. Inoltre, deve conoscere chiaramente quali transazioni possano essere svolte allo sportello polifunzionale e quali invece richiedano una competenza specialistica. Per questo è fondamentale disporre di una mappatura delle procedure con evidenza delle diverse implicazioni sotto il profilo del rapporto con il back office. Inoltre, può essere possibile l'utilizzo di agende condivise tra back office e sportello di primo accesso, per consentire allo stesso di prendere appuntamento con lo specialista direttamente con l'utente in presenza. Questo ottimizza i tempi, rassicura l'utente e garantisce un più efficace rapporto di servizio tra specialista e utente quando questo si recherà all'appuntamento.

Non ultimo, la presenza di uno sportello di accoglienza professionale consente di garantire la sicurezza di coloro che operano in back office rispetto ad intrusioni di persone potenzialmente non ben intenzionate e dà un'immagine autorevole al servizio.

4.3 Il sistema di gestione delle code

Fondamentale nella gestione del sistema degli sportelli è il gestore delle code, un dispenser di numeri intelligente che, oltre a regolare l'ordine con cui l'utenza verrà servita, ha la finalità di convogliare l'utente allo sportello giusto in funzione della tipologia di transazione prescelta. Oggi esistono modelli evoluti di gestori delle code che ottimizzano l'afflusso di utenza agli sportelli e consentono di avere delle statistiche utilissime per poter fare delle valutazioni successive sui momenti di picco nel corso della giornata o delle settimane o dei mesi e quindi determinare in maniera più razionale ed efficace l'organico necessario.

Questo consente anche agli operatori di sportello, pur essendo polifunzionali, di non passare da un tipo di pratica all'altro ogni cinque minuti ma di gestire, almeno per un certo lasso di tempo, utenti con le medesime richieste.

CAPITOLO 5: IL PERSONALE DELLO SPORTELLO E IL RAPPORTO CON GLI ALTRI UFFICI

5.1 La selezione del personale

Oltre ad essere una modalità di revisione dell'offerta dei servizi, lo sportello polifunzionale Smart rappresenta anche una modalità di ripensamento dell'organizzazione, in particolare con riferimento alla valorizzazione della funzione di primo contatto con l'utenza, che assume carattere strategico.

Pertanto, la scelta o selezione del personale che andrà ad operare allo sportello riveste grande rilevanza; vi sono diverse modalità di individuazione del personale che hanno una rilevante ricaduta sulla modalità con cui lo sportello viene implementato. L'obiettivo della selezione delle persone è quella di riuscire ad avere le persone più idonee al ruolo dello sportello.

Quali sono le caratteristiche necessarie? Innanzitutto, la capacità di relazione positiva con l'utenza e l'empatia. Sapersi mettere nei panni del cittadino per capire di cosa ha bisogno e adoperarsi per risolvere i problemi rappresenta il fulcro degli aspetti di qualità dello sportello. Vi sono dipendenti che amano la relazione con l'utenza ed altri che la sopportano o addirittura la detestano: questo tratto caratteriale può essere elemento di facilitazione in caso di collocazione ad una attività di sportello.

Inoltre, è da privilegiare la flessibilità, intesa nel senso di adattabilità ad imparare cose nuove e a misurarsi su aspetti che possono mutare nel tempo. Lo sportello si deve continuamente adattare al variare delle esigenze e tra gli aspetti strategici fondamentali vi è quello di essere flessibile. Cambiano i riferimenti normativi e cambiano le procedure, che vengono aggiornate continuamente dagli operatori di back office. Quindi occorre essere adattabili a questi mutamenti, spesso anche informatici.

Chiaramente gli operatori di sportello possono provenire dai servizi che in genere sono integrati nello stesso e che rappresentano lo "zoccolo duro" dell'offerta; ci si riferisce generalmente ai servizi di anagrafe, protocollo e URP. Questi, di solito, sono quelli che nella stragrande maggioranza dei casi costituiscono l'ossatura di base degli sportelli polifunzionali che si sono visti attivare in questi anni.

Però, potrebbe accadere che si renda necessario individuare personale anche al di fuori di coloro che attualmente si occupano di questi ambiti, anche per enfatizzare il carattere di novità del nuovo servizio.   Il suggerimento che ci si sente di dare è quello, in fase di eventuale selezione, di privilegiare persone che abbiamo attitudine relazionale e voglia di apprendere, piuttosto che intestardirsi su persone magari preparatissime sotto il profilo della conoscenza amministrativa ma non empatiche o disponibili ad apprendere. L'esperienza diretta di progettazione, avvio e messa a regime di tanti sportelli da parte degli autori del presente volume testimonia dell'importanza delle skills citate quale fattore distintivo per il successo dello sportello. Per poter operare efficacemente secondo tale logica, anche questi operatori devono essere formati come gli altri dipendenti dello sportello.

5.2 La gestione del personale. Moduli e momenti di coordinamento

Nella fase di progettazione dello sportello polifunzionale Smart si suggerisce di coinvolgere sin da subito chi si ritiene dovrà svolgere la funzione di coordinatore o coordinatrice dello stesso. Perché questo è importante a nostro avviso? Perché, come tutte le situazioni, fra l'approccio metodologico della progettazione dello sportello (spesso curato da soggetti esterni) e la situazione reale che andrà a rappresentare la realizzazione occorre gestire situazioni di compromesso. Ed è giusto che il compromesso lo faccia chi poi dovrà gestire lo sportello e non solo chi ha il compito di progettarlo.

È importante sottolineare che la persona che coordinerà lo sportello polifunzionale Smart non si ponga nella logica di diventare l'esperto di tutte le tematiche che ci sono, perché richiederebbe di diventerebbe tuttologi. È importante privilegiare la capacità di gestione del gruppo di lavoro, di flessibilità, di negoziazione piuttosto che di spinta preparazione giuridica sui vari temi dello sportello: per questo ci sono gli specialisti nei settori.

Si consiglia anche di prevedere interventi formativi finalizzati al team building tra gli operatori dello sportello, guidati dal coordinatore o coordinatrice. La squadra deve agire alle emergenze come una squadra e pertanto è fondamentale che comunicazione, mutuo aiuto e solidarietà siano caratteristiche distintive di questo gruppo di persone. Inoltre, il confronto periodico tra operatori dello sportello può servire per condividere le migliori soluzioni a fronte dei problemi che si possono trovare ad affrontare, offrendo un servizio omogeneo e scevro da non opportuni personalismi.

In molti enti, al fine di garantire anche in momenti di crisi la funzionalità dello sportello, si è identificata la soluzione di individuare anche operatori che non sono nel nucleo fisso dei dipendenti dello sportello, ma costituiscono la cosiddetta squadra (o "panchina") allargato. Sono, cioè, dipendenti che operano presso gli uffici specialistici che possono essere eventualmente, previo accordo tra i responsabili, distaccati allo sportello nei momenti in cui ci sono particolari picchi oppure vi sono carenze di personale per malattie o altre cause, in contemporanea presenza di un forte afflusso di domanda.

5.3 La formazione del personale di sportello (e non)

Che tipo di formazione serve per la squadra che deve gestire uno sportello polifunzionale Smart? Si suggerisce di prevedere un piano di formazione che verta su tre ambiti:

- <u>Ruolo di front office e relazionale</u>. Svolgere questo ruolo vuol dire avere determinate competenze: saper gestire l'utente, gestire lo stress, sapersi sentire in una squadra. La formazione su questi ambiti riguarda quindi sia indicazioni su cosa il ruolo deve presidiare nello specifico sia ambiti più caratteristici della gestione delle relazioni con l'utenza e lo stress da sportello;

- <u>Tecnica sui contenuti delle procedure che andranno gestite allo sportello</u>. Si tratta di una formazione tecnica che ovviamente presuppone che gli specialisti diano delle indicazioni. Questa formazione in genere viene effettuata da personale specialistico già presente nell'ente ed è legata anche agli affiancamenti e in genere prevede una certificazione delle competenze. La formazione tecnica sui contenuti finisce quando lo specialista afferma che la squadra dello sportello polifunzionale Smart è in grado di gestire la transazione. Quindi, in qualche, questo modo si responsabilizza lo specialista a dare indicazioni e a confermare che lo sportellista è idoneo a svolgere la funzione richiesta;

- <u>Pratica sulle procedure da eseguire</u>. Più che formazione si tratta di addestramento all'utilizzo dei moduli e delle procedure informatizzate presenti per lo sportello che consentono di attivare le transazioni con l'utenza. È molto importante che questo avvenga anche attraverso affiancamento del personale che andrà allo sportello ai colleghi che già sono esperti della procedura, in modo da vedere cosa avviene senza avere il timore del cittadino di fronte. È molto importante che questo addestramento sulle procedure informatiche di supporto e affiancamento agli operatori più esperti sia garantito prima di avviare l'operatività dello sportello i dipendenti, soprattutto per gli operatori che non hanno mai gestito le procedure previste.

5.4 Lo sportello come sistema

Lo sportello polifunzionale Smart per quanto evoluto, per quanto funzioni bene, non è un ufficio, non è un organismo che può vivere da solo, perché nella maggioranza dei casi è e sarà sempre terminale di processi e di procedimenti che attraversano l'organizzazione dell'ente. Il coinvolgimento di tutti i vari servizi specialistici non si esaurisce con la formazione, ma deve andare avanti con l'aggiornamento di informazioni e servizi.

Quindi occorre creare una rete, creare un sistema che permetta di portare avanti il fatto che lo sportello funziona se l'ente lo fa funzionare. Perché in un certo senso, tutto l'ente è sportello, tutto l'ente alimenta lo sportello. Quindi occorre definire modalità di lavoro, protocolli, condivisioni di prassi operative che aiutino nel tempo a essere sicuri di avere le informazioni sempre aggiornate. Occorre essere certi che l'informazione che si trova nel sistema informativo o nelle procedure condivise è assolutamente affidabile perché ogni settimana viene verificata e se cambia qualcuno si premura di segnalarlo al front office.

5.5 I protocolli di intesa "front office-back office"

L'attenzione al livello di aggiornamento che occorre garantire è fondamentale: questo aspetto rappresenta uno dei punti di debolezza di molti sportelli nel tempo, in quanto all'inizio, quando viene avviato lo sportello, l'attenzione all'aggiornamento delle informazioni è massima ma poi fisiologicamente nel tempo tende a scemare. Se quell'informazione non serve all'ufficio o non se ne deve occupare lo specialista, implicitamente è meno urgente l'aggiornamento e quindi non verrà fatto celermente. E non ci si preoccupa che nel frattempo ci sia un collega meno competente che intanto magari sta fornendo un'informazione sbagliata ad un cittadino oppure che non sa, come invece sanno gli uffici specialisti di back office, che potrà esserci un picco di utenza tra quindici giorni a seguito di una scelta effettuata dal servizio che condiziona l'affluenza del pubblico.

Se non avviene questo scambio di informazioni su aspetti vitali, lo sportello polifunzionale è privato della possibilità di conoscere aspetti di grande rilevanza per l'operatività e quindi vi è il rischio di fare brutte figure con l'utenza.   Quindi la comunicazione interna è importante. La consapevolezza che c'è un soggetto allo sportello polifunzionale che sta dando delle informazioni che potrebbero essere sbagliate se non viene alimentato con gli aggiornamenti o le modifiche intervenute. Potrebbe essere utile, sotto questo punto di vista, anche definire degli standard di qualità di sportello per quanto riguarda l'aggiornamento delle informazioni.

CAPITOLO 6: LA COMUNICAZIONE ESTERNA DELLO SPORTELLO

6.1 Il canale telefonico dello sportello

Il tema della comunicazione è importante in quanto questo è uno sportello che fa comunicazione. Si consiglia di prevedere un piano di comunicazione esterna in grado di veicolare ai cittadini cos'è lo sportello e come funziona oppure quant'altro possa essere utile per massimizzare l'utilizzo del servizio. In alcuni casi, anche dal punto di vista della identificazione di questo nuovo servizio, conviene ideare un nome ed un logo specifico per enfatizzarne la novità.

Può darsi che le persone che vi operano siano in parte o *in toto* le stesse, i servizi siano nella gran parte dei casi gli stessi ma il modo con cui si stia erogando con lo sportello polifunzionale Smart può essere molto diverso. La logistica aiuta anche in questa percezione di cambiamento.

Può anche essere utile definire quali sono le funzioni e i livelli di servizio dello sportello attraverso strumenti di comunicazione più strutturati ed evoluti come una guida ai servizi o, meglio ancora, una carta dei servizi[7] che stabilisca quali sono gli standard che questo nuovo servizio garantisce rispetto all'accessibilità e alla fruizione.

Anche la funzione di call center rientra tra gli aspetti di comunicazione che lo sportello svolge utilmente per la cittadinanza, fornendo indicazioni puntuali su ciò che generalmente interessa maggiormente all'utenza in fase di prima indicazione.

6.2 La misurazione della qualità dello sportello

Parlando di performance dello sportello, cosa vuol dire standard di una funzione di front office[8]? Vuol dire definire quali sono quegli aspetti di impatto della qualità nei confronti dell'utente.

Possono essere utilizzati indicatori come le ore di apertura al pubblico, ovviamente, che però rappresenta un aspetto più di natura quantitativa; possono essere utilizzati i risultati delle indagini di customer satisfaction; quindi, aspetti più di natura di qualità percepita o i

[7] *Qualità alla Carta: verso l'eccellenza con la Carta dei Servizi* di B. Susio e G. Barbieri - Franco Angeli, Milano, 2002

[8] *La qualità paga –ISO 9001:2008 garantire la qualità dei servizi ai cittadini in tempi di risorse limitate* di B. Susio e E. Barbagallo - Edizioni strategiche, Milano, 2009;
Dieci anni di performance - D.Lgs 150/2009. I valutatori si raccontano", di B. Susio et alii - Ipsoa, Milano 2019

tempi medi di attesa prima di essere ricevuti allo sportello o i tempi per prendere un appuntamento; può essere utilizzato il tempo di risposta alle mail inviate allo sportello.

Attraverso gli indicatori di qualità che poi si traducono in una carta dei servizi, è quindi possibile definire e monitorare nel tempo la qualità e gli standard del nostro sportello polifunzionale Smart.

In alcuni casi l'approccio dei sistemi qualità può essere la spinta per l'ottenimento della certificazione secondo le norme internazionali ISO 9001.

Qual è il senso e il valore di una certificazione? È definire un impegno verso terzi di standardizzare e rendere chiaro dal punto di vista organizzativo il proprio modello organizzativo e procedurale, attraverso procedure strutturate e indicatori di qualità che vengono monitorati e che accompagnano nel percorso di miglioramento continuo. Sposare l'approccio della certificazione significa anche assumersi l'onere di dover ascoltare periodicamente l'utente, attraverso indagini e analisi delle segnalazioni e dotarsi di procedure e moduli di non conformità quando emerge che il sistema non è in linea con quanto previsto nelle procedure.

BIBLIOGRAFIA MINIMA

- UNI EN ISO 9000:2015 – Sistemi di gestione per la qualità – Fondamenti e vocabolario

- Bruno Susio/G.P. Cavina/Emanuele Barbagallo – "Lo sportello polifunzionale intelligente 3.0" - EdizioniStrategiche, 2014

- Bruno Susio/Emanuele Barbagallo – "Semplice, Comodo, Unico: Lo sportello polifunzionale come innovazione del rapporto tra Pubblica amministrazione e Cittadino" – EdizioniStrategiche, 2009

- Bruno Susio – "La consulenza che serve" – EdizioniStrategiche, 2008

- Bruno Susio/Emanuele Barbagallo – "La qualità paga ISO 9001:2008. Garantire la qualità dei servizi ai cittadini in tempi di risorse limitate" – EdizioniStrategiche, 2009

- Bruno Susio/Alberto Galgano - "La Pubblica amministrazione snella" – Guerini e Associati Editore, 2004

- Bruno Susio/Ezio Boiani/Daniele Cristoforetti/ Pietro Massobrio - "Vision 2000 – certificare la qualità dei servizi nella Pubblica amministrazione" – Guerini e Associati Editore, 2003

- Paola Musumeci/Emanuele Barbagallo et altri - "La comunicazione pubblica efficace. Metodi e strategie" – Guerini e Associati Editore, 2003

- Bruno Susio/Giovanni Barbieri – "Qualità alla Carta: verso l'eccellenza con la Carta dei Servizi" – FrancoAngeli, 2002;

- Bruno Susio/Giuseppe Negro – "Le nuove rotte organizzative" – FrancoAngeli, 2001

- Bruno Susio/Giuseppe Negro – "Qualità Totale nella Pubblica amministrazione" – Il Sole 24 Ore, 1998

- A. Parasuraman/V.A. Zeithaml/L.L. Berry – "Servire qualità" – McGraw-Hill

- A. Parasuraman/L.L. Berry – "Marketing Services: competere con la qualità" – Sperling & Kupfer Editori.

- A. Rovinetti (a cura di) – "Dai servizi polifunzionali allo sportello unico della Pubblica amministrazione - Dipartimento della Funzione Pubblica, 1996

- "La comunicazione nel processo partecipato", Collana Strumenti di URPdegliURP , vol. 5 - Dipartimento della Funzione Pubblica, 2007

- L. Cerreti /M. Tatsos "Sportello facile. Come districarsi con successo nella giungla della burocrazia" – Franco Angeli, 1994

- M. Perna/ M. Badalamenti - "Il nuovo front-office. Progettare e realizzare sportelli unici per i cittadini nella pubblica amministrazione" –Edizioni ETS, 2009

- Bruno Susio/Paola Malcangio – "Polifunzionalita` e valorizzazione del personale attraverso la riorganizzazione degli sportelli per i cittadini" – articolo su Azienda Italia Personale n. 5/2007

- "Guida alla creazione e alla manutenzione degli sportelli e servizi multi ente". Collana Strumenti di URPdegliURP, vol. 7, Dipartimento della Funzione Pubblica, Roma 2011